edition suhrkamp 2032

Albert Ostermaier, der junge Lyriker und Dramatiker in Brecht- und Toller-Tradition, machte sich bekannt mit Gedichten, deren Schlag aufs Herz zum Herzschlag seiner Poesie wurde. Eingespannt zwischen kraftvollem Übermut und zärtlichen Brechungen sind auch seine neuen Gedichte aus der »harten gegenwart«: *fremdkörper hautnah.*

Zupackende Gedichte, die von den Kontrasten leben, zwischen nahen Körpern und fremder Haut, Gedichte, deren Spannungen von der straffen Form gebändigt werden.

»Seine Gedichte sind Überraschungsangriffe auf die Konventionen unserer Gefühle, rücksichtslos und zärtlich zugleich.« *Die Woche*

Albert Ostermaier, geboren 1967, lebt in München. 1995 erschien *herz vers sagen* (es 1950) und hatte sein Stück *Zwischen zwei Feuern. Tollertopographie* Premiere. In der Spielzeit 1996/97 war er Hausautor am Nationaltheater Mannheim. Die Uraufführung seines neuen Stückes *Zuckersüss & Leichenbitter* findet im September am Bayrischen Staatsschauspiel statt, für das er an einem Stück über Bertolt Brecht zu dessen 100. Geburtstag schreibt.

Albert Ostermaier
fremdkörper hautnah

Gedichte

Suhrkamp

edition suhrkamp 2032
Erste Auflage 1997
© Suhrkamp Verlag Frankfurt am Main 1997
Erstausgabe
Alle Rechte vorbehalten, insbesondere das der Übersetzung,
des öffentlichen Vortrags
sowie der Übertragung durch Rundfunk und Fernsehen,
auch einzelner Teile.
Satz: Jung Satzcentrum, Lahnau
Druck: Nomos Verlagsgesellschaft, Baden-Baden
Umschlag gestaltet nach einem Konzept
von Willy Fleckhaus: Rolf Staudt
Printed in Germany

2 3 4 5 6 – 02 01 00 99 98 97

fremdkörper hautnah

glücklichsein das schaff ich
nie ich kann damit leben aber
frag mich nicht wie ab & an
lieb ich sogar & zahl dafür bar
mit träumen die gehn bevor sie
entstehn na und ich geh dran
zugrund leg ich mein herz auf
ein andres schlägt es mich
wund was soll ich noch hoffen
die augen sind offen die hände
am friern die sehnsucht ist alt &
kalt ist der tod doch kälter was
mich wärmen könnte

I

nah

letzte mahnung

immer noch nicht tot immer
noch den griffel in der hand
pardon die finger auf den
tasten du weisst doch gute
dichter sterben jung hast du
denn keinen ehrgeiz mehr ein
dauerauftrag schickt sich nicht
für ein genie das schuldest du
uns dass du dein leben über
ziehst & wir dein konto sperrn
dich abschreiben können ein
verlust für die literatur doch ein
gewinn für uns alle das musst
du verstehen

ja ich zog rum hab mich zum
narren gemacht mein ehrgeiz
ging in lederjacken den kragen
hoch im nacken das herz
gepanzert mit tabak war aus
noch härtrem leder als die
stiefel mein blick so schwarz
wie keine haut es ist & müd
vom schwärzen allen glücks &
glücklich bist du kamst & mir
die jacke nahmst ein rotes
tuch um meinen hals mir
schlugst & lachtest dass ich
lachen musste über mich die
kippe aus dem mund verlor &
feuer fing ein bleichgesicht
mit lippenstift auf seiner haut &
bunter bald als jeder pfau wenn
du mich weiterküsst so hältst
du mich & halt ich dich weil
sonst das leben farblos ist
zum narren

roadmovie

immer geht es weiter voran wohin
kein ende der strasse eine weite
die dir das hemd aufknöpft kein
baum kein strauch eine tankstelle
vorbei der horizont schiebt sich
müde voran die sonne pausiert
hinter den wolken & die nacht
füllt die reserven wenn die fahrer
wechseln das bier immer dünner
wird & der schnee dir an den
schuhen schmilzt du dir ein herz
fasst & den atem hältst plötzlich
das haar des mädchens vor dir in
den händen um eine haaresbreite
hättest du die augen geschlossen &
die liebe erfunden eine strasse &
endlosigkeit die man nur zu
zweit ertragen kann ein glück
das keine zeit hat sich zu zeigen
doch du die zeit es zu verlieren
wenn der film & das popcorn
aus sind & ein mann seinen
weg allein geht mit sand in den
augen doch mit schnee
in den schuhen zum
ende

der lauf der dinge

wieder so ein tag wo nichts läuft
ausser in die luft zu gehen
mit zwei tretminen unter den sohlen &
der fortgeschrittenen hoffnung
auf den nächsten gedanken
sprung der dich aus der haut
fahren lässt wenn du deine
beine wieder auf dem boden
hast & auf die stelle trittst die
dir endlich die entfaltung gibt von
der du immer geträumt hast
an tagen wie diesen wo nichts läuft
geht immer was & seis ein teil
von dir

vita violenta

wenn ein dichter keine angst
mehr einjagt soll er besser
aus der welt gehen & den
engeln in die hosen fassen bis
sie ihren mann stehn & so
verstehn was dialektik ist
denn alles göttliche ist eine
komödie & ein höllischer
spass wenn du auf deiner
wolke parkst & zusiehst
wie man dir das letzte mal
über den mund fährt & dir
die liebe aus dem kopf
schlägt bis du es nicht mehr
selber musst & zu leben
lernst es machst wie ich
ich liebe niemanden mehr &
nicht ein wort

leihstimme

öffne deine lippen ich schliess
dir die schere im kopf zieh dir
die worte aus dem mund &
schneid sie dir ab & schluck
was du sonst schlucken musst
hab keine angst ich halt dir den
mund & red danach wenn ich mein
maul aufreiss & du auf deine zähne
beisst mir kann man nichts
ausschlagen mir glaubt man
ich bitte dich sei still

wenn sie dir ins gesicht lächeln bis du
dir zahnpaste auf ihren lügen schmeckst &
dir das pfefferminz die nerven aus den
augen brennt dass dir das hören vergeht du
siehst ja wohin das führt wenn sie dir die
welt versprechen mit sauberen händen ihre
gedanken unterstreichen & dir damit die
fresse polieren ein schlagendes argument
das nach einer antwort schreit schrei
man muss ihnen die harte gegenwart aus
nehmen wie ein künstliches gebiss dann
lallen sie & du kannst sie verstehen

requiem nach b.

ich kam aus den wäldern & gras
wächst mir statt haaren auf der
brust denn alles fleisch es ist
wie gras & wie das gras ist mir
verdorrt die freundlichkeit der
kreatur die keine wurzeln
schlägt in einem trocknen herz
& ich verschlangs wie dörr
obst einst als kind statt süssem
menschenfleisch wie heut da
in die städte ich ging mit
nichts als einem schwarzen
himmel über mir dem ich wie dir
das blau aus seinen augen stahl
damit du siehst woher ich kam

sursum corda

niemals endet die reise der sand
hört nicht auf mir in der kehle
sein lied nie zu singen niemals
immer schwieriger wird es die
augen hinter den schwarzen
gläsern zu verstecken mit
zitternden händen die alles
verlieren die maske die lügen
die flasche die mir halt gab &
den geschmack von heimat
auf lippen die längst schon von
alleine reden diese rauchige
stimme die mich überrascht
mit worten die mein herz erfand
es hat noch witz in seiner qual &
lacht mich aus nie werd ich ihm
widerstehen

immer noch geb ich nicht auf
den toten mann im meer zu
spielen immer noch reichen
die wellen nicht aus mir den
kopf zu waschen für ein
strahlendes lächeln ohne
grund immer noch nehme
ich den mund nicht voll
genug als dass das salz mir
die zunge pökeln könnte für
den alten fisch mit seinem
schwertmaul der mir immer
noch nicht durch den rücken
ins herz trifft so sehr ich auch
die luft anhalte & die hüften
ihn zu ködern dreh er schwimmt
vorbei wie soll man so mit
anstand untergehen was solls
ich bleibe oben auf & deck
mich mit dem himmel zu bis
ich schlafen kann & der wind
mir die wünsche von den
lippen bläst toter mann lass
das träumen

zeilensprung

auch wenn das meer endlos ist &
jeder satz banal den du ihm
entgegenwirfst ein stein den es
schluckt & dir zurück vor die
füsse spuckt wenn du genügend
zeit hast den wellen den schaum
von den lippen zu lesen & zu
warten bis sie dir den sand aus
den händen spülen & du es
wieder versuchen darfst von
deiner liebe zu erzählen auf der
letzten zeile des horizonts bevor
die nacht sie löscht & zu ihr trägt

selbst die kirchen stürzen allmählich
ein gott kann warten wie der müde
helios der sich die fassaden aus
löslichem gold wer wird sie schon
vermissen aus den fingern wäscht
für das make-up des abendhimmels
der sich die körner aus den augen
reibt bis er sie schliessen kann &
die nacht ihm das gesicht pudert
mit sternen wer kennt noch ihre
namen die gebrochene achse des
grossen wagens den keiner mehr
aus dem dreck ziehen wird wenn
wir auf die sonne warten am
nächsten morgen & nur den nebel
in unseren händen halten ein leeres
versprechen das uns überdauern
wird gäb es die liebe nicht

morgenstund

wieviele liebesperlen muss ich noch
schlucken wieviele versprechen auf der
zunge zergehen lassen bis ich endlich das
leben schmecke mit einem mund voll
blut das mir als einziges noch leicht
über die lippen geht die im schaum
stehn & zerschnitten sind weil ich mein
gesicht nicht mehr ertrage nicht den
spiegel nicht die augen die nur meine
sehn & keinen ausweg nur die flasche
mit dem duft der die frauen verspricht
& mir die wunde ausbrennt bis ich
endlich wieder farbe bekomme & so
unwiderstehlich bin wie ich mir es
jeden morgen einrede während das
aspirin sich schon verzehrt nach mir &
aufgelöst nach meinen lippen schreit
sich nehmen lässt wie man mich
nehmen muss mit einem kräftigen
schluck & geschlossenen augen
sonst ertrag ichs nicht

no importe

wenn es nicht mehr wichtig ist
du keine rolle spielst & es
geschehen lässt für dich als
fremder fremd in deiner haut
vergessen hast wie du noch
zu dir kommst & über strassen
läufst von niemandem vermisst
mit augen die des suchens müde
sind & schuhen die dir näher
gehen als jeder mensch jetzt
da mit dir sich nichts mehr
anfangen lässt & alles dich
zu ende führt ist es nicht mehr
wichtig dass du glücklich bist

a dusts diary

ich schüttle den dreck von den
schuhen & mach mich aus dem
staub meine haut ist schon zu
grau von verlorener zeit warum
soll ich warten & sie nicht
selbst ablaufen den lungen
wenn sie die flügel hängen
lassen beine machen bis mir
auch das herz unter den schritten
zerfällt

lastenausgleich

mein spieglein an der wand
bevor du mir blind vertraust treib
die schwermut aus den tränen
säcken meiner lethargischen
augen sprühen wir lachgas in ihr
ödnisrund & machens uns leicht
in der unerträglichkeit gewichtiger
blicke die alles sagen & es doch
nicht halten können

daedalus funkt s-o-s

tausend meter über dem meer gehe ich
unter mit meiner vernunft kein schiff wird
kommen – vielleicht eins der narren – ge
schweige denn ein wunder geschehen die
alten sirenen leiden am stimmbruch &
winken mir nach während mein pubertärer über
flieger als sonnenschutzfaktor in den wolken
flattert & auf sich warten lässt wie odysseus
der mit mr. wayne sich verplaudert & kein
ohr für mich hat als er sich mit handschellen &
dem rücken zu mir an sein wasserbett fesselt &
fiebert dass john ihm den krieg erklärt wies
mit den kamikazes war die wie oben ike
vom himmel fielen bis der träger im arsch war &
die ganze mannschaft baden ging im ozean
der gefühle wie ich jetzt *we all go down together*
glaubt das nicht & tschüss

kamikaze

der tod ist das wichtigste & kost
bar wie die möglichkeit der liebe
die anders nicht zu haben ist als
durch den überschuss an träumen
die letzte dosis glück der wechsel
aufs leben uneinlösbar wie das
fragen nach dem mann im mond &
seinem astronautenherz & wann
er endlich aufhören wird mit seinem
lachen

lungenflügel

endlich der beweis
ein dichter zu sein endlich
statt nur der ringe unter den
augen hab ich einen schatten
auf der lunge für den scheren
schnitt den v-effekt aus zweiter
hand & eine wirklichkeit die
sich sezieren wenn man sie
bluten lässt endlich ein bild
das unter die haut geht eine
knochenarbeit

das kleine einmaleins des dichtens

ich weiss nicht wie man zeichen
setzt noch was man gross was
klein zu schreiben hat wie man
von a bis c kommt weiss ich
nicht nach a kommt b sag ich
mir jedesmal selbst was auf herz
sich reimt ich hab's das schmerzt
vergessen nach zu schlagen &
ausserdem hätt ich die zeile über
sprungen ich kann es mit den grossen
worten nicht & ein gedicht ist doch
ein grosses wort & eins das ich
verloren hab dazu & wenn ich auch
bis drei du lachst noch nicht mal
zählen kann so bin ich doch 'ne
null mit der du rechnen musst

zweiter ratschlag für einen jungen dichter

als dichter musst du wie ein rockstar sein &
wilde wege gehn ein mikro mit den lippen
küssen die seiten mit der zunge blättern als
wären sie aus stahl

II

haut

wahlverwandtschaften

ich begehre nicht deine frau dein
atem ists nach dem ich mich
verzehre wie er ihre stimme
belegt bevor sie mir die zunge
in den rachen steckt & ich
dein rasierwasser auf ihren
lippen schmecke ich hoff
du wirst dich nicht verletzen
wenn sie ihre liebe dir schwört
mit einem kuss an dem dein
messer kleben bleibt sie spricht
so gern mit vollem mund &
vergisst doch ganz dass man
mit worten schäumen kann ich
bade mich in deinem schweiss &
rieche wenn sie kommt noch
deine angst auf ihrer haut die
mich kalt lässt ohne dich &
dein vertrauen das mich erregt
wenn du gestehst wie sehr du
mich begehrst in meiner frau
die nur von deiner träumt wenn
sie uns küsst

abtropfen

wenn unsre lippen augen haben hör
besser auf mich anzusehen & schmink
dir diese blicke ab die an mir kleben
bleiben werd ich nie was soll die
augenwischerei uns bindet nur die
haut & die hat sich genug erregt lass
mich dich trösten kann ich nicht zum
weinen hab ich nur spucke übrig

lost & found

sei unbesorgt ich werd wenn wir uns
wiedersehn an dir vorübergehen dem
blinden der sich vor mir bückt eine
liebe vor die füsse werfen die sich
auszahlt für ihn wenn ich den schein &
mich vergesse mich umdreh nach dir
die gläser mit den tränen putze bis
sich dein bild verwischt im blues
des bettlers der mir dankt dass ich
ein mann bin der ein herz hat das ich
doch grad verlor da geht es lang &
schlägt so schnell wie ich nicht laufen
kann still wie es stand als ich dich sah
sei unbesorgt jetzt renn ich schrei
mir die lungen aus dem leib bleib
stehn

trash

was will ich denn von dir auf mich
gibts keinen pfand nicht mal
ne flasche bin ich & eine von denen
die hier in deinem kühlschrank stehen &
sich auf eis nach deiner heissen lippe sehnen
die ich riskier wenn ich heut zu dir geh
mit herzschmerz reim dir was im
sechserpack die tränen das bier
herunterschluck & in meiner gier
die dosen liebkose denn liebling
du hast recht ich rede blech drum
hör mir zu was ich jetzt aus dir
quetsch

slow love

in deiner haut möchte ich stecken
wenn du mich über den tisch ziehst
wir uns die angst vom leibe lecken
kann nichts mehr mich erschrecken
ich sag zu dir wenn du mich liebst
lass uns das ganze haus aufwecken
das wir auf unsrem rücken schleppen
& endlich aufhören zu verstecken
dass wir schmecken wie schnecken
& uns lieben bis zum verrecken

zuckersüss

ich bin dein zuckerstück du
darfst mir den rücken schlecken
kratz mir mit deinen zähnen
die süsse aus dem leib du
kannst mich wenn du willst
im abfluss deiner adern
ertränken ich saug mich voll bis
ich dein letztes blutkörperchen
bin einst weiss wie dein herz
es jetzt ist doch rot ist die farbe
der liebe mein freund

leichenbitter

entschuldige bitte aber ich
sah schwarz für dich mein
zuckerstück für meinen
hunger nach dir der mir
ein loch in den bauch
frug & mir die stimme
verschlug mit der ich für
dich sprach sie stiess mir
bitter auf als ich den
letzten satz dir aus dem
kaffee las & wusste es
gibt kein süsseres ver
sprechen als dich verg
essen

danach

an der linken der geruch
deines körpers an der
rechten der rauch schon
die glut die nicht nachlässt
mit der entfernung zu dir
so mach ich mich mit der
sonne aus dem staub wie
ein blinder passagier
der nichts zurücklässt nur
einen leeren platz am ende
des tunnels

direktwahl

wann werd ich wieder mit meinen
händen auf deinem körper sprechen
können dich blind ertasten & ans
herz drücken den hörer unter dein
haar betten & vergessen dass
du mir fehlst deine stimme un
unterbrochen von diesem ab
zählreim der mich immer wieder
aus dem häuschen bringt & mir
zeigt wies um mich steht dass alles
ein ende hat auf das er pfeift ich
pfeif drauf diese karte sticht nicht
lang

anflug

ich wart auf dich & mag mein
herz mir auch im himmel stehn &
seine warteschleifen drehn bis
mir der sprit ausgeht & ich dir
in die arme stürz dass du aus
allen wolken fällst in denen ich
noch häng & warte dass ich bei
dir landen kann du ohne in die
luft zu gehen mich auf den boden
holst zu dir

himmel über

so leicht war das du nahmst meinen kopf
auf die schulter ich nahm ihr blatt in den
mund & schluss
die angst verflogen vorbei der traum bist
du jetzt klopft mein herz wo deine flügel
warn & schlägt mir die sehnsucht aus
den augen in dein haar mit dem ich
dir in den rücken falle als fiel ein engel
auf seine füsse & liess den kopf in den
wolken

erice

über meinem kopf der wettlauf der
wolken sie schleifen die steine
streifen mein haar reissen mich mit
eilen zu dir während ich an deinem
platz immer wolltest du hier sein
sitze die hände im wind die füsse
schon kaum mehr am boden fliege
die augen an den wänden die stadt
in den wolken ein band in den lüften
bis du es fängst dich neben mich
setzt mit wind in den händen
dazwischen der himmel

himmelfahrt

wenn du mir schon das sterben
nicht abnimmst nehm mir zumindest
das leben ab & zu ists schön
wenn du mich hochnimmst nehm
ich dich auf den arm & ertrage
die welt mit einem lächeln bis
dass der tod uns scheidet & mich
mitnimmt nehm ich an & ich sterben
muss bis wir wieder zusammen
kommen & himmel wird das schön

purple sky

eines tags werde ich dir ein gedicht schreiben
das keine worte braucht nur den purpurnen
himmel einer kopfzeile über mir dessen wolken
auf meiner zunge zu der deinen ziehen bis wir
die engel zählen vor lust einander uns die flügel
beissen wenn wir uns verschlingen & die federn auf
den lippen zünden wie ein himmel einen himmel
küsst bis es die hölle ist

du sollst keine götter neben mir haben
knie dich nieder bete mich an sprich
wenn du mich in den mund nimmst
mit engelszungen das gefällt mir denn
ich bin das mass aller dinge der quell
in der wüste & der deiner freuden die
wonne des lebens & auch sein beginn
ich bin du spürsts der stamm auf dem
man ein geschlecht aufbaut & sieh
doch selbst wie alles passt wie eines
sich zum andren fügt & sag wo wär
daneben platz für einen andren noch

belami

mach dir kein bild von mir dass
du im bilde bist vergleichst du
mich begleich ich dich oder
wenn du ein gleichnis willst ich
mach dich dem erdboden gleich
dem staub aus dem du bist
vergiss das nicht nicht dass ich
eifersüchtig wäre ich scheu
nicht den vergleich du solltest
es vielleicht wenn deine kinder
dir lieb sind lieb mich aber
bilde dir nicht ein es gäbe dich
allein ich weiss nicht es werden
unvergleichbar viele sein

rollenspiel

wie hättst du mich denn gern
vielleicht als jungen held
der seinen freund abstach für
dich & nichts & wartet dass
du ihn freikaufst jetzt
von unschuld sprichst & sie
bezeugst mit deinem vollen
mund & teuren lippen
bekenntnissen die mich hoch
leben lassen bis sie gefallen ist
in die hände deiner mir kommen
die tränen selbstlosen wieder
aufbauarbeit ich dank es dir &
gib deiner räudigen liebe zurück
was bei mir zu holen ist als romeo
der die krätze hat

mehr oder weniger

hast du genug von mir dir
reichts sagst du weniger ist
mehr ich weiss & denk als
ich geben kann zuviel ist
zuviel geb ich zu ich nehm
mich zurück du gibst mir
alles & ich wollt doch nie
mehr dir geben

herz vers sagen

immer noch nicht mehr
was ich mir erträumen
könnte mit dir immer
noch nicht mehr
was zu wünschen übrig
bliebe keine wahl
mit dir hab ich genug
was will ich mehr auf
dich verlasse ich
mich dir ganz & gar
hab ich mich verschrieben

frühlingserwachen

du fasst es nicht ich lass dir
nichts zurück als diese brosche
ein paar zitronenfalter auf
störrischen ästen durch die
die sonne in dein auge sticht
das müde murmeln der
schollen die den blues
spielen für dich bevor der
frühling sie als perlen aus
der starrheit löst & glänzen
lässt in deinem losen haar &
mund der ein juwel ist den
das eis für diesen tag sich
schliff da alles sich berührt &
nichts zu fassen ist für dich

prognose

du sagst wir werden sehen was
kommen mag ohne frage ich
halte die augen offen & stell mich
ein auf dieses & jenes & sag mir
fürs glück gibts meine liebe
keine warteliste doch
ein stell dich ein vielleicht &
dem entkommst du nicht

abschiede

du bist verschwunden nichts hielt dich zurück
hielt dich zurück was hätte dich halten können
ich war verschwunden ich hielt mich zurück
hielt mich zurück & hätte dich halten können

du gingst in die fremde mit dir ich nur fremd
nur fremd & wäre doch mit dir gegangen
ich steh hier am ende alles wird mir nun fremd
nun fremd steh ich hier als wär ich gegangen

nichts hält mich zurück bin fast verschwunden
verschwunden was könnte mich halten du
du hieltest mich zurück du bist verschwunden
verschwunden & könntest mich halten nicht ich

fluglinie

was kann uns schon trennen das
bisschen meer ist wie eine pfütze
für uns in der kinder ihre schiffe
segeln lassen ich aber falt mir
ein flugzeug aus deinen briefen &
flieg auf deine worte zähl nicht 'mal
bis zehn & schon bin ich bei dir
wenn auch mein hemd noch ein
wenig zerknittert & mir etwas
schwindlig ist vom lesen auf
schwebenden wolken & den
wasserfarben die mir aus den
augen laufen für den regen
bogen über unseren lippen

die schönste im land

dein fenster zur strasse immer
wenn ich daran vorbeigehe
siehst du mich suche ich dein
gesicht hinter dem spiegel dem
ich solange meine blicke ins
glas kratzen werde bis er blind
ist für meine augen die ich nicht
mehr sehen will wenn ich auf
die scheiben hauch & mit den
fingern deine lippen nachziehe
wo ich sie vermute deinen
erdbeermund in den ich mich
verbeisse bis die scherben
denn jetzt seh ich dich mir
glück bringen

prêt-à-porter

mir fehlen die passenden
worte die anzüglichen die
nie vor dir wie angegossen
stehen wenn mir der knopf über
dem herz
platzt & ich nichts anhab ausser
mir & doch zu haben bin für
dich ein aufzug von der stange
geht auf diesem laufsteg
nicht nur ich geh hier mit
allem was ich auf dem herzen
hab zu dir nur deine hände
kleiden mich & ziehen mich an

sehtest

nun kommt die zeit über mich
zu sprechen die zeit zu halten
sie & was mich flieht nun
bin es ich der spricht
mein aug das bricht
mit dem versprechen zu
vergessen was es sieht
es sieht allein nur dich
& mich nicht mehr
kann je ein auge sehn
für zwei

du wünschst dir ein gedicht in
dem der spricht bins ich nicht
an der welt zerbricht & nicht
zu boden geht wenns sich um
seine leben dreht auch meins ver
zweifle nicht schon wieder
nicht ich schreib dir eins in
dem wer lebt lebendig sich be
wegt & bis zum ende auf der
seite steht das sticht das ich es fällt
ihm schwer es ist verwöhnt &
ists gewöhnt dass es sich in ein
wort rein legt & wartet mit
genuss es bleibt nicht länger als
es muss & weiss dass ichs be
zahlen darf wenns aufersteht &
nochmal mit den versen geht doch
heute leist ichs mir & schenk es
dir wach auf mein zombie mein
ich ich brauche dich

ich nehm dich ungeschminkt & sags
dir ins gesicht ich lieb dich wie
du bist drum kleid ich dich in worte
ein & nehm sie dann zurück & rück
dir mit der wahrheit auf den leib
denn die ist nackt & doch geteilt
am schönsten

trauerhilfe

wenn dir das licht ausgeht
lass mich das schwarz vor deinen
augen sein das säh ich gern
wenn dir nichts mehr zu
hoffen bleibt ich bleib bei
deiner angst & nehm sie dir
wenn du an nichts mehr denken
willst ich werd sei ganz beruhigt
das letzte sein an das du
denkst

III

körper

iocaste in teiresias augen

als die wunden füsse ich ihm
küsste sein geschwollnes glied
zwischen meine schenkel nahm
aus denen er einst kroch schrie
ich auf vor lust & schrie vor
schmerz als söhne ich dem sohn
gebar aus meinem fleisch &
seinem blut das schändlich ist
dem der es trägt in seinem herz
kein panzer schützt den bruder
vor des bruders hand denn
teilen muss er was nicht teilbar
ist die schuld & töten was ihn
töten wird denn nur so löst sich
ein des vaters fluch der selbst
ein bruder ist & deshalb sterben
muss wie ich die doch die mutter
alles mordens war & alles leben
schenkte nur dem schwert so
nehm das meine auch

ob die geier ihm die haut mit ihren
schnäbeln tätowieren & mit hyänen
sich & anderer menschen blinder
wut um seine augen streiten die
sich die sonne brät weil keiner sie
zu schliessen wagt bis auf das maul
des hunds der sie dann schluckt
ob trockne erde ihn den wurm den
würmern schenkt wie kurz zuvor
dem schwert der bruder seinen bruder
was solls ungeheures ist viel doch
ungeheuer nur dem mensch bis er
versteht dass schon das leben
jenes grab ist das ihn trägt

der abschied des empedokles
oder la lotta continua

unter mir ein himmel von abgrund
hier liess es sich stürzen so nahe
der sonne über mir empedokles
der seinen schleudersitz in die
wolken verschenkt das schöne
gesicht von hitze zerbrannt der
mund nur rauch & glut aus alten
tagen als sein empörtes herz hier
fast zum bersten schlug & sich
entlud in einem berg aus asche
die ihm heut noch aufs haupt
rieselt wenn die winde günstig
stehen & den dreck nach oben
tragen der sich zu seinen füssen
häuft es lässt ihn kalt

talbot

so geht kein mann zu ende den
keuschheitsgürtel über die augen
gestanzt den panzer vollgepisst
mit blut in das die jungfrau ihre
fahne taucht die heilgen lippen
ohne scham & ihre edle brust
an der der krieg sich nährt mit
unschuld doch mit feuerzungen
auch wenn dieser schöne schein
wie ich zerfällt zuletzt zu einer
handvoll leichten staubs dem
nichts in das wir gehen

zapfenstreich

mein freund nimms nicht persönlich
krieg ist krieg soldaten sind auch nur
menschen reisst sich jeder seinen
arsch auf damit er was zu knallen
hat für dich wars nicht schön kann
ich verstehn wenns der eigne ist
dens trifft das erste mal tuts immer
weh aber ich hatt ich muss dirs
gestehn 'n auge auf dich geworfen
dass es deins dann war ist so
geschehn klar dass du jetzt blind
bist vor wut & mich nicht länger
sehen willst wirst du auch nicht
ich weiss wanns zeit ist zu gehn
trotzdem war ein mordsspass mit
uns zwein ich sags ja immer mann
ist mann bis zum letzten

am ziel

wozu das ganze theater ich mach
mir was vor das macht mir keiner
nach & nach schliessen sich die
augen der vorhang fällt & das ist
es dann gewesen ist nichts die not
beleuchtung glüht vielleicht noch
ein wenig nach das herz aber reisst
ihm nicht die markierungen von
den brettern wenn es abgespielt
ist & ihr es der requisite spendet
sonst ist am ende alles gut & natur
gemäss tödlich

erntedank

den kirschgarten haben wir abgeholzt
die vögel sangen zu laut da war ein
leuchten der augen das hat uns
gestört wer kann es sich leisten zu
träumen ist der kern des problems
doch kerne spuckt man aus bevor
man sich verschluckt wer weiss
was einem sonst noch alles blüht

tschechows sterbezimmer

warum eis auf ein leeres herz
legen kühlt austern damit &
verschwendet es nicht ein glas
champagner reicht doch auch
es bricht so schnell wir
schlürfens aus & werfens an
die wand das bringt euch glück
& mir den tod & jeder hat noch
was vom leben so wir wollen
bescheiden sein wenn es zuende
geht ein general legt sich zu grabe
mit musik drum seid nun still &
stört mich nicht...

abgespielt

steh vor mir in einem leeren theater
ein mensch mit fremdem blut allein
mit einer rolle die er rückwärts nicht
mehr kann auf brettern zwischen denen
sich die welt auftut sie solls vor einem
leeren kopf dem sie nichts mehr bedeutet
als ein spiel mit falschem herz ein zungen
schlag aus zweiter hand ein sein immer
nur mit worten ein nichtsein ohne sie

wenn schon nichts mehr
aus mir kommt kein wort
so komm das nichts
aus mir mit einem satz
& hüll euch ein in schwarz
ich will euch nicht mehr
sehen die gläser
die ihr hebt weil ihr
zu schlucken habt an mir
so schwer ist das
der brand in der kehle
in der hand das opfer
das viel rauch macht &
keinen gedanken wer
denkt mich zu ende
wenn immer geht der tote
euren schritt wer gibt
das messer weiter
in des nächsten brust
ihr macht nur lärm & nichts
was einfach ist & viel

ausklang

fremd zog ich ein in diese haut &
fremd zieh ich wieder aus was
blieb ist nur ein blatt papier auf
das der tod mit flüchtigen händen
aus meiner asche sich sein
liedchen schrieb: du sollst ja nicht
weinen weine nicht mein letzter
mohikaner lass sie rennen jagen
nur nach einem fernen ziel das
ekle volk ist längst verdorben &
du gabst ihm dazu das saitenspiel &
dein gesang den neid ich dir

IV

fremd

nur wer mein freund seine standpunkte
zu verhüten weiss hat politisch korrekt
erigiert was bleibst du deinen worten
treu du musst sie wechseln wäg sie ab
schweigen ich sags dir ist ein goldenes
mundwerk & ein wortschatz der sich
heben lässt wenn man ihn wörtlich
nimmt also halte dich dran mit
redsamen händen & wenn dus schon
nicht halten kannst halte es zumindest
für bedenklich & nicht der rede wert
nur bringe ich bitt dich es niemals auf
den punkt auf dem du stehst so geht dir
nichts ab & du bleibst sauber im
geschäft aber bitte korrigier mich
wenn ich recht habe

pound pro toto

ich hob dich
        auf den sockel du
warst der pfeiler
        darauf mein werk
zu errichten
        es gibt kein
denkmal der kultur das
        nicht zugleich ein denk
mal der barbarei
        wäre & das man
stürzen könnte so   ·
        schlug ich dich in
stücke schlug dich
        kurz & klein &
schlug die hacken
        als ich von
den beinen dich
        hieb dir in die
sprünge zu helfen
        denn der sei eine
säule seiner kunst der
        mit dir denn das bist
du doch ein mensch
        arbeitet wie andere
mit marmor & metall
        was stehst du so
versteinert
        da du bist &

hättest doch
    sein sollen
ein block
    kost
baren materials
    von dem es
hiess
    noch ist ein
kunstwerk möglich
    wenn ich nur ver
fügte über *die zarte*
    hand des künstlers
oder die eiserne
    faust des kriegers
eines sensitiven
    willensstarken
manns ich war &
    bin nicht manns
genug
    ich will & wollt es nicht
weh dir
    willst du mir nun ein
denkmal bauen ich
    schlag es aus &
macht nicht
    soviel rauch
gebt mir ein kleines
    tabaksgeschäft das
reicht zum heiligen
    taug ich nicht

predappio inferno

mussolini
    die springer
        stiefel
    das tor
wir
    nimm die
        kappe
    ab
marschieren
    die füsse
        über
    dem kopf
hinab
    auf seine
        haupt
    stadt
zu
    & vergiss
        wenn
    du zu
ihm
    gehst
        nicht
    dein
leben
    & ihre
        die

　　　　für ihn
hier
　　　weg
　　　　　　zu
　　　werfen
sind
　　　wie eine
　　　　　　blume
　　　die dem
tod
　　　man
　　　　　　schneidet
　　　für sein
grab
　　　das aus
　　　　　　stein
　　　wie seine
städte
　　　ist &
　　　　　　kalt wie
　　　seine
füsse
　　　denen
　　　　　　du
　　　folgst
hin
　　　ab
　　　　　　zu
　　　ihm
zur

heimstadt aller
      plagen zum
    tor der
hölle

über deutschland

hitler
        über deutschland
                coming over
nürnberg
        alles in der welt
                blickt auf den
führer
        in den wolken
                der sieg der
triumph
        des glaubens
                der wille zur
vorsehung
        and upside down in
                air were towers ein
lichterdom
        bats with baby faces
                in the violent light über
deutschland
        ein hochdruckgebiet
                mit ausläufern in die
welt
        jerusalem athens
                alexandria vienna
morgen
        london the agony in
                stony places nur

ruinen
    für die jahrtausende
        der zukunft die nichts
wert
    ist doch *in den grossen um*
        rissen noch erkennbar als
theorie
    des totalen kriegs which is
        not be found in our obituaries
null
    heisst der geist der stunde der
        hier in den wolken wohnt

via triumphalis
oder goebbels 1. mai 1933

berliner arbeiter bürger   hitlerwetter
sonnenstahl   blech in den worten
kind und kegel   fallen sie
reihen sich   kopf für kopf
ein einig volk   hängt
an des führers lippen   zu füssen ihm ein weg
aus leibern   der bald beschritten ist
und zittert wie   das ganze reich
in seligem erbeben   im frühlingssturm
ein feldzug   und ein volkssturm
        in den winter

wunschkind 1933

vergiss nicht deine eltern zu
ehren als dein alter seinen mann
stand & deine mutter aufs kreuz
legte wars ein höhepunkt in seinem
leben & auch die alte schrie vor
freuden auf als ihr die milch aus
den brüsten kam & sie den kleinen
volkskörper in ihren händen rieb
der wuchs & wuchs bis auch er
ein strammer junge war sie nährte
ihn redlich am busen der lügen
im land seines vaters für das sie
sagtens ihm schon früh zu sterben
eine ehre sei welch eine schande
als er mit dem leben davonkam

wunschkonzert 1942

ringschaltung zu den   fronten
wotans abschied   folgt
die winterhilfe der   wehrmacht
5 kapellen im trommel   feuer
der geschichte des   soldaten
sie wünschen – wir   spielen
geholfen wird vielen hört die   himmel
rühmen des ewigen   ehre
nach heinzelmännchens   wacht
parade soldaten das   volk
empfängt wir bitten euch   kameraden
einzustimmen in stille   nacht
kameraden heilige   nacht
alles schläft   einsam
wacht kameraden   alle
werden erwachen als   tote

täterprofil, romantisch

des dichters lebenslauf
      der stein des anstosses
         schlag auf schlag
tag um tag
      auf widerruf ein
         mensch das tier
im zivilisationsrevier
      heckenschütze
         mit dem duft
der blauen blumenluft
      an den fingern
         des unschuldigen
des mitschuldigen
      der abzählreim
         hört nicht auf

beichtgespräch

weisst du wenn wir uns totschlagen
ists fast ein versehen ein schneidendes
wort & schon ists geschehen das
muss man verstehen was du
umbringst macht dich nur stärker
was zögerst du traust du dich nicht
rein mit dem messer ins nächste
gesicht das trifft & stärkt ungemein
da kannst du sicher sein & wers
nicht glauben will kann gift drauf
nehmen das muss man sich einfach
geben so ein zerbrechliches leben
wir töten doch nur was wir lieben &
wie soll denn liebe sünde sein

übergabe

was soll ich auf dein haus mich
stürzen es ist auf sand gebaut
fröhlich macht es keinen mehr
denn selbst der esser geht aus
ihm mit einem leeren bauch &
du der es für unzerstörbar hielt
wir hieltens auch hältst nun
die trümmer in der hand wir
bauen es nicht mehr auf &
von haus aus nicht auf dich
wer steht schon aus ruinen auf
wir werdens nicht & was dort
steht gehört uns längst nicht
mehr drum lass es wems
gehört dem wind der wird
die türen schliessen

platzanweisung oder umweg
zum himmlischen frieden

hier machst du deine schritte
den westen vor augen den
norden im kopf an den füssen
die flucht die keine richtung
mehr kennt nur das wechseln
der schuhe wie länder &
namen für heimat & das einzige
zuhause das mit ein paar
strichen schnell gezimmert ist
das zeichen das jeder versteht
wohin du auch getrieben wirst
& die nadel ausschlägt die
wandernd mit dir dein herz
durchquert bis es stillsteht
im norden der stadt den
westen im blick im auge das
ziel

dass zu lieben heisser ist als nicht
zu lieben kannst du vergessen
also schliess dein herz an
die fernheizung an & machs ihm
bequem in seiner nördlichen
haut oder willst du dass es
sich verkühlt an deinem kopf
besser du bewahrst es davor &
hast du was zu wünschen übrig
wünsche es dir ein traum ist
dazu da dass man ihn wagt &
nicht verschläft

Inhalt

II
haut

Deutschsprachige Literatur
in der edition suhrkamp:
Lyrik

Deutschsprachige Literatur
in der edition suhrkamp:
Lyrik

302/107/12.96

edition suhrkamp
Eine Auswahl

edition suhrkamp
Eine Auswahl

edition suhrkamp
Eine Auswahl